Mon premier
de chiffres et mathématiques.

Mon premier cahier d'apprentissage ludo-éducatif ,pour apprendre en s'amusant à la méthode pédagogique MONTESSORI sur les **CHIFFRES** et les **MATHÉMATIQUES**.

"La répétition est le secret de la perfection".
MARIA MONTESSORI

CHIFFRES et MATHÉMATIQUES.

Conçu en deux parties, ce cahier ludo-éducatif, contribue à l'éveil de votre enfant, tout en s'amusant. Ce programme dynamique et pédagogique , complétera l'apprentissage progressif de votre enfant à apprendre et comprendre le sens de ce qu'il apprend et écrit. Inspiré de la méthode MONTESSORI, et conforme au programme scolaire , ce cahier et la meilleur façon de faire progresser votre enfant .

Auteur
Michel Faroldi

Ce cahier appartient à :

Prénom : ....

Nom: ....

CHIFFRES et MATHÉMATIQUES.

Ce cahier ludo-éducatif se constitue du programme suivant :

Sommaire :

1ére Partie : **LES CHIFFRES.**

1° Écriture cursive, chiffre par chiffre.

2° Graphisme du chiffre.

3° Trouve et colorie le chiffre dans le méli-mélo des chiffres.

4° Coloriage mystère, colorie tous les chiffres demandés.

2éme Partie : **LES MATHÉMATIQUES.**

1° Compte sur tes doigts et entoure la bonne réponse.

2° Additions, compte sur tes doigts et note la bonne réponse.

3° Premiéres Soustractions, compte sur tes doigts et note la bonne réponse.

LES CHIFFRES

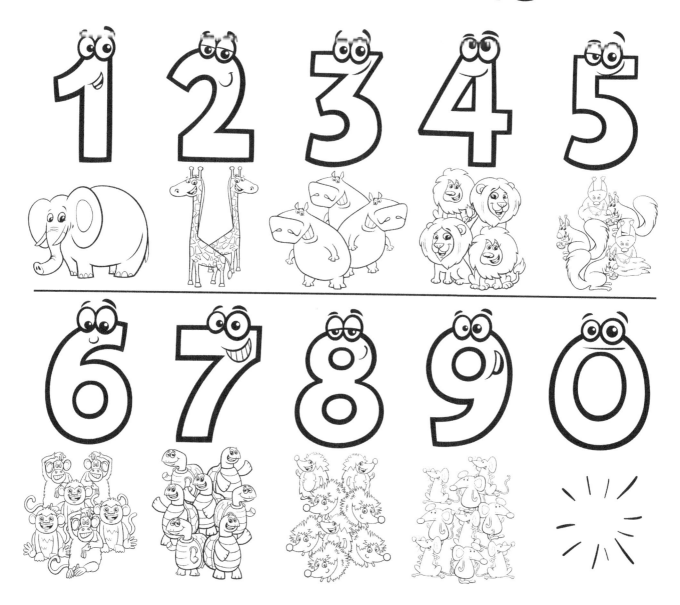

1 1 1 1 1 1 1 1 1 1 1 1

2 2 2 2 2 2 2 2 2 2 2 2

3 3 3 3 3 3 3 3 3 3

4 4 4 4 4 4 4 4 4

5 5 5 5 5 5 5 5 5 5

6 6 6 6 6 6 6 6 6

7

8 8 8 8 8 8 8 8 8

9 9 9 9 9 9 9 9 9

0 0 0 0 0 0 0 0 0

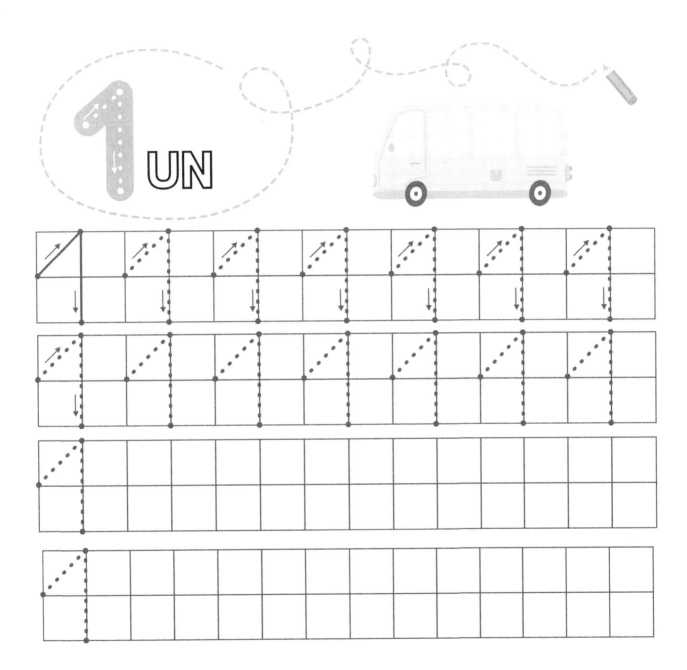

Graphisme du chiffre 1

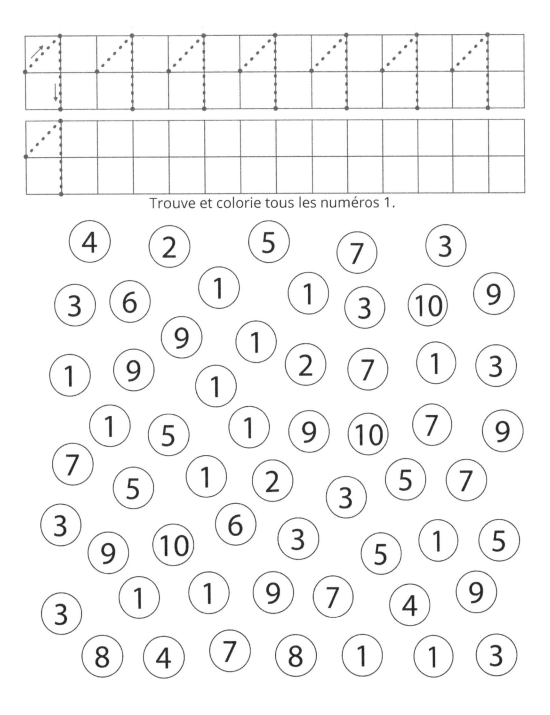

Trouve et colorie tous les numéros 1.

Coloriage mystère, colorie tous les numéros 1.

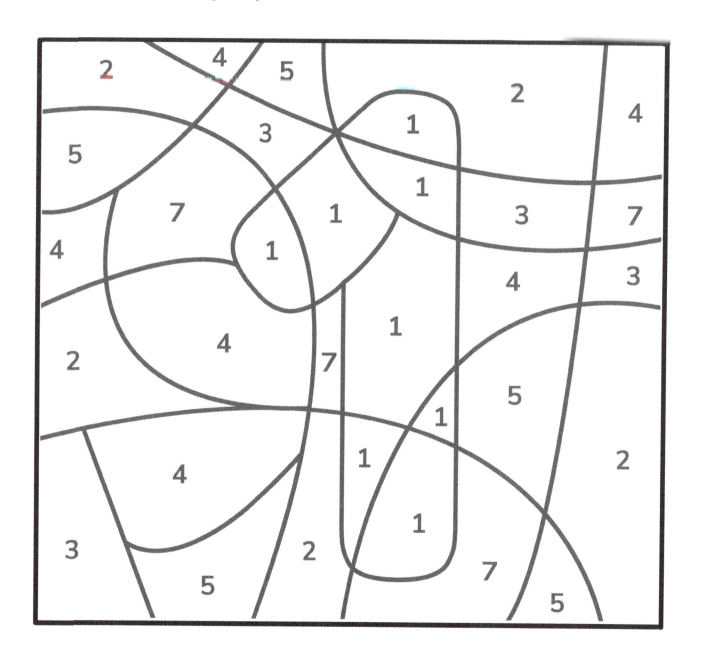

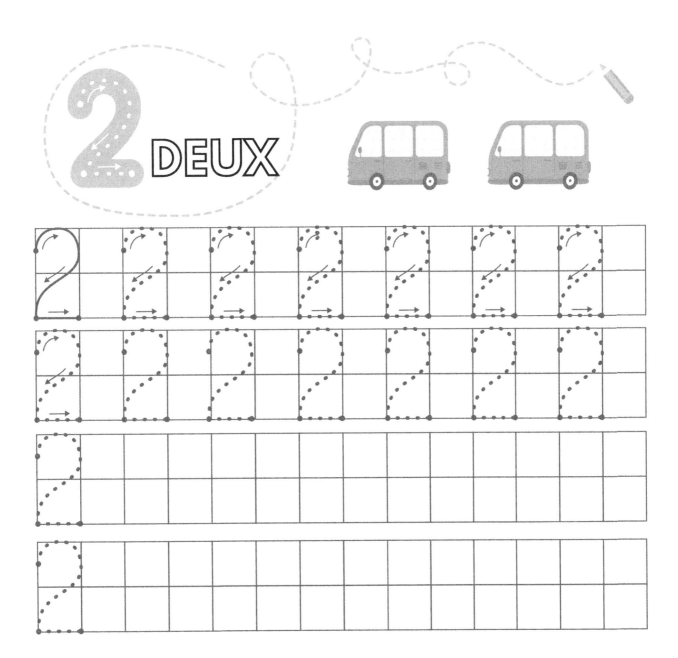

Graphisme du chiffre 2

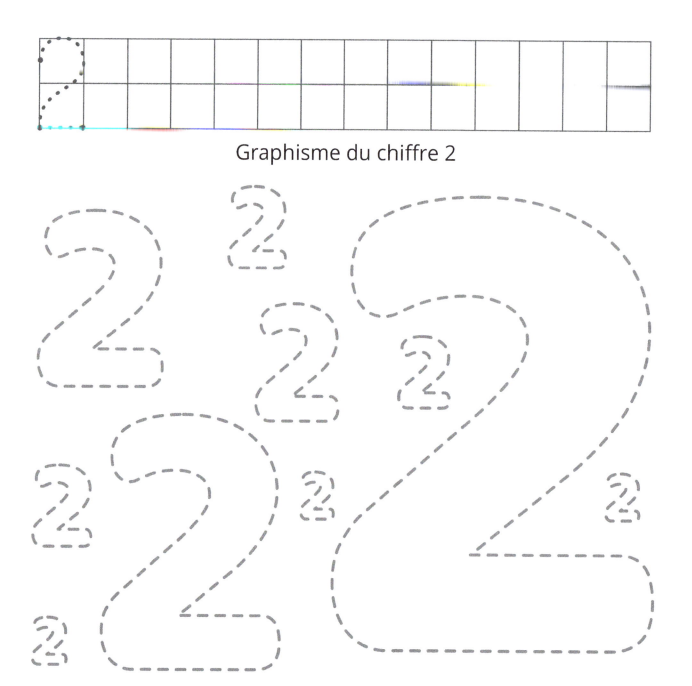

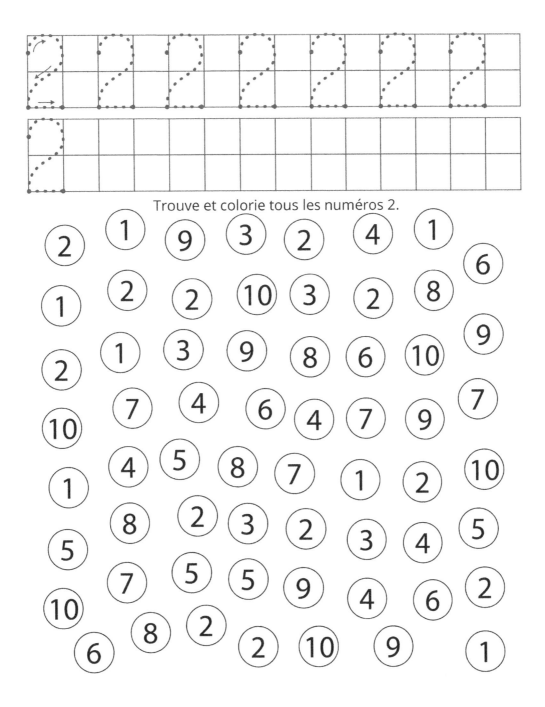

Coloriage mystère , colorie tous les numéros 2.

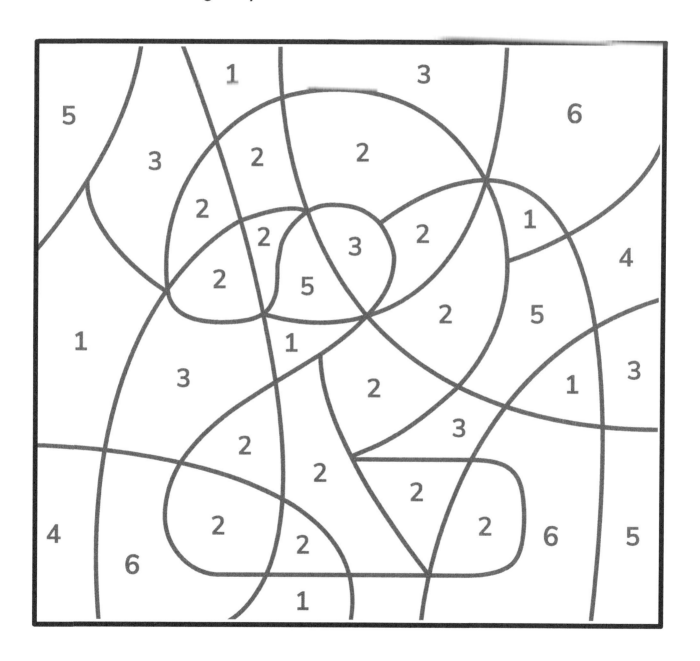

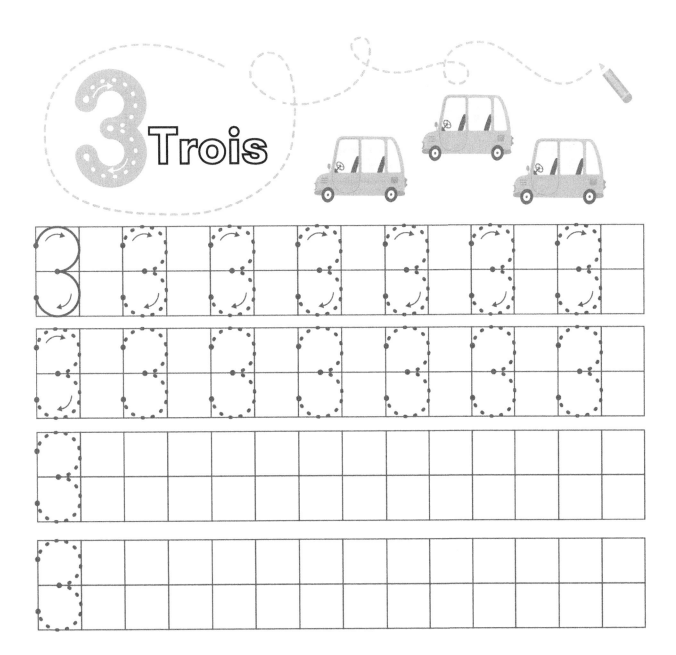

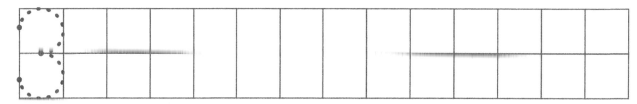

Graphisme du chiffre 3

Trouve et colorie tous les numéros 3.

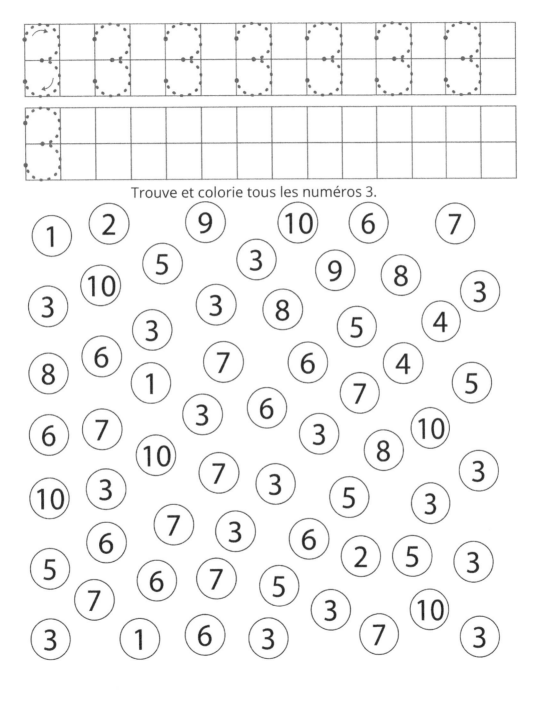

Coloriage mystère , colorie tous les numéros 3.

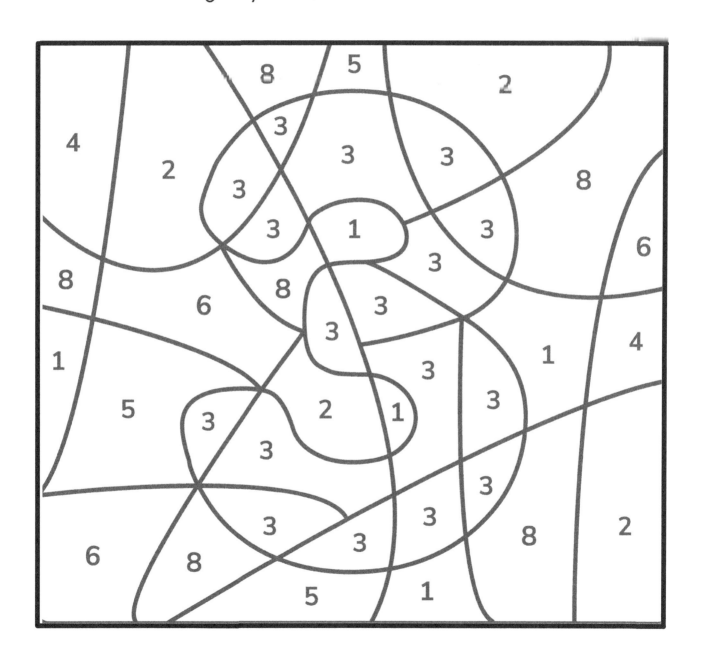

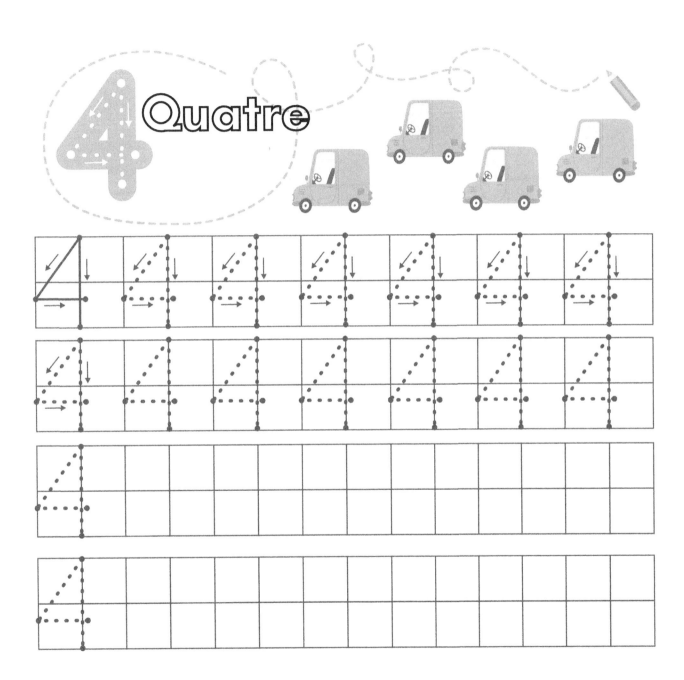

Graphisme du chiffre 4

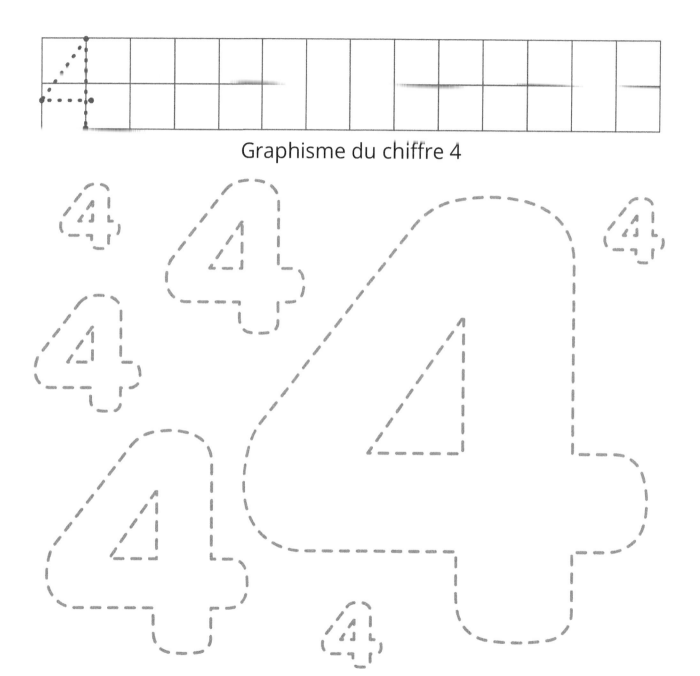

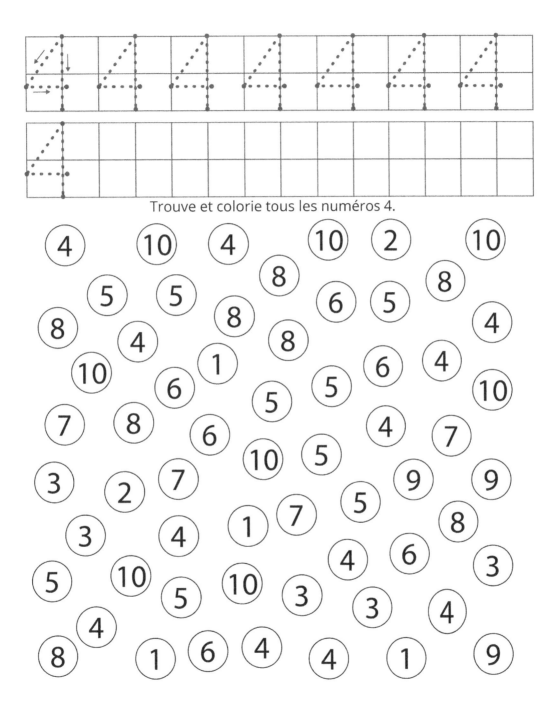

Trouve et colorie tous les numéros 4.

Coloriage mystère , colorie tous les numéros 4.

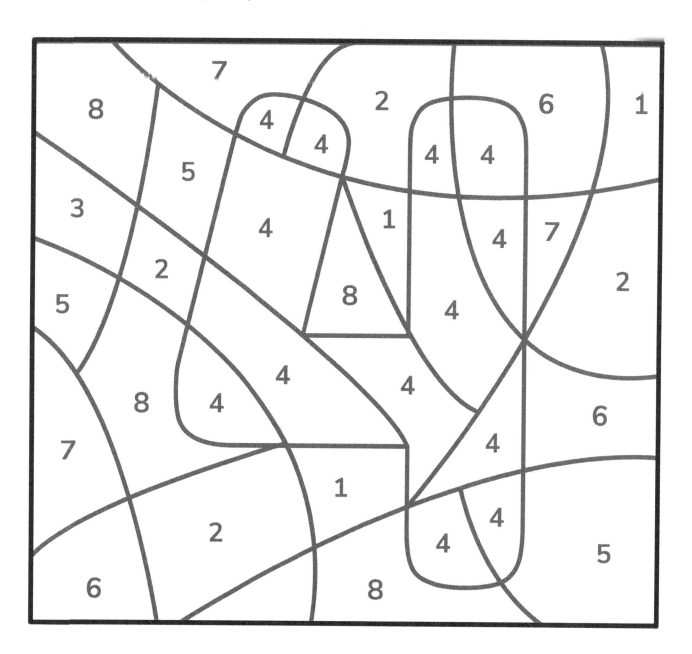

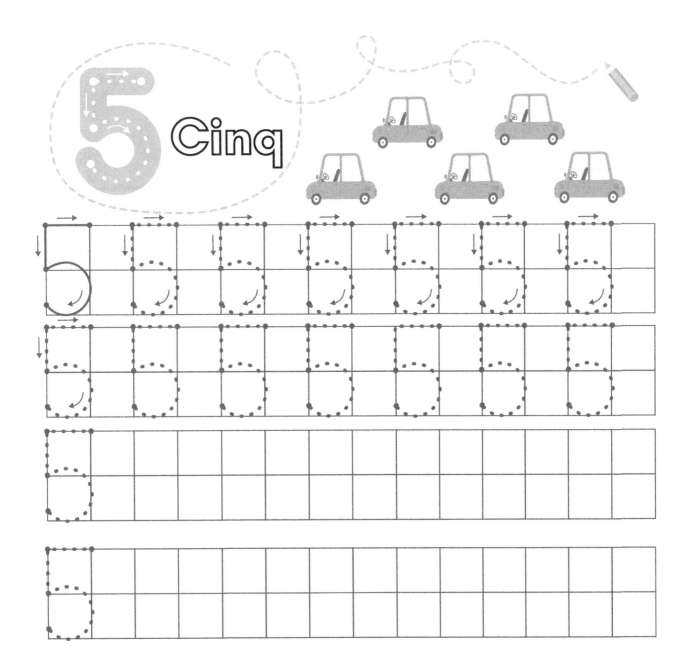

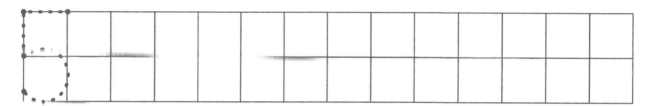

Graphisme du chiffre 5

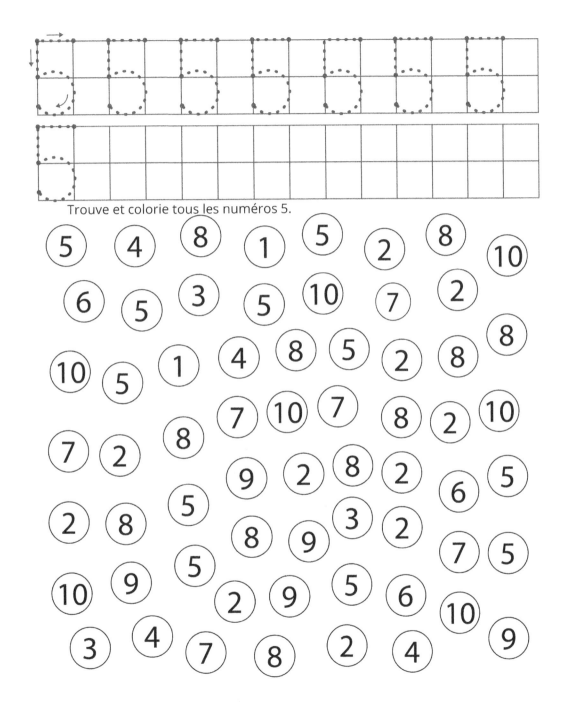

Trouve et colorie tous les numéros 5.

Coloriage mystère , colorie tous les numéros 5.

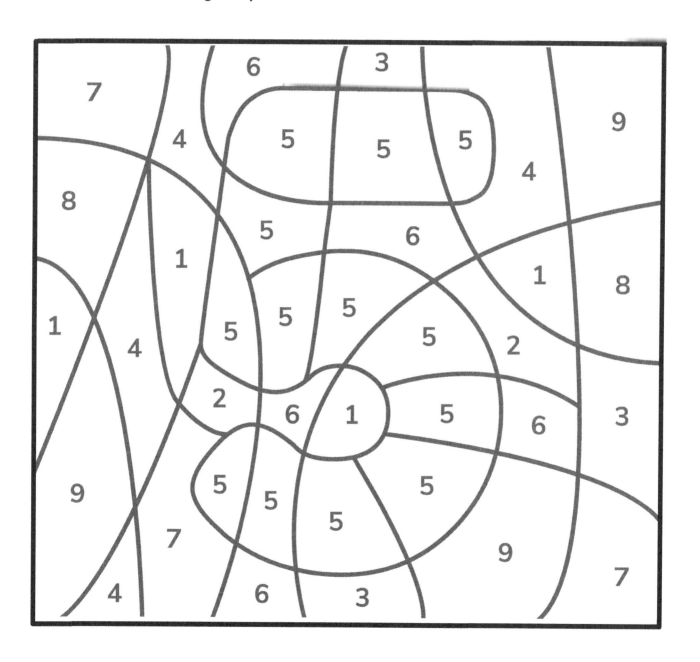

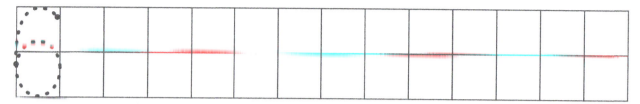

Graphisme du chiffre 6

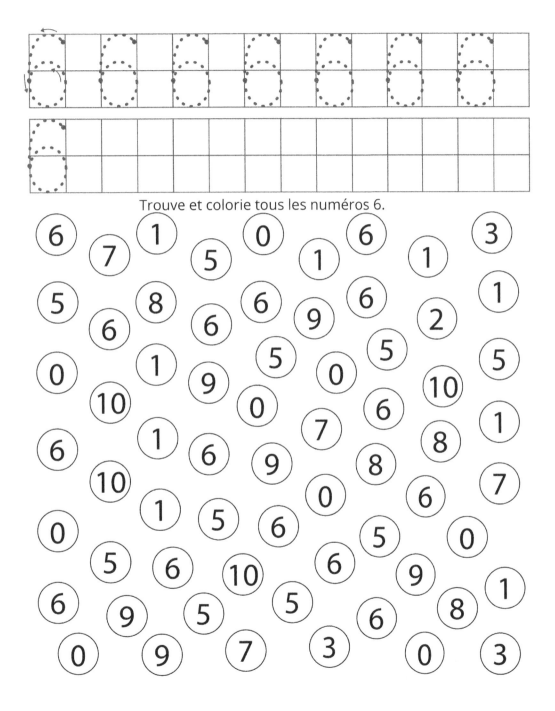

Trouve et colorie tous les numéros 6.

Coloriage mystère , colorie tous les numéros 6.

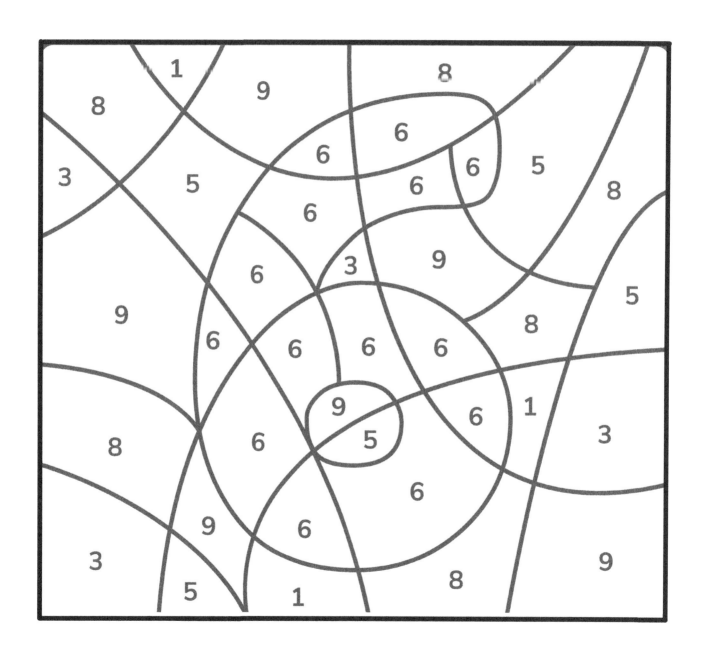

Graphisme du chiffre 7

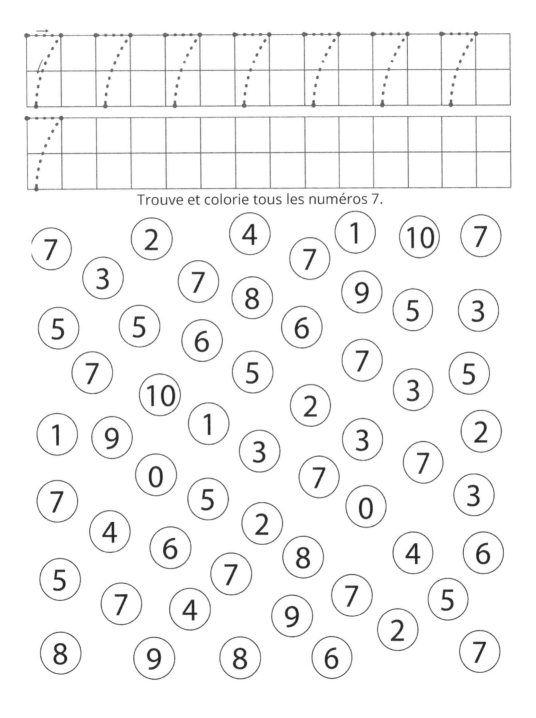
Trouve et colorie tous les numéros 7.

Coloriage mystère, colorie tous les numéros 7.

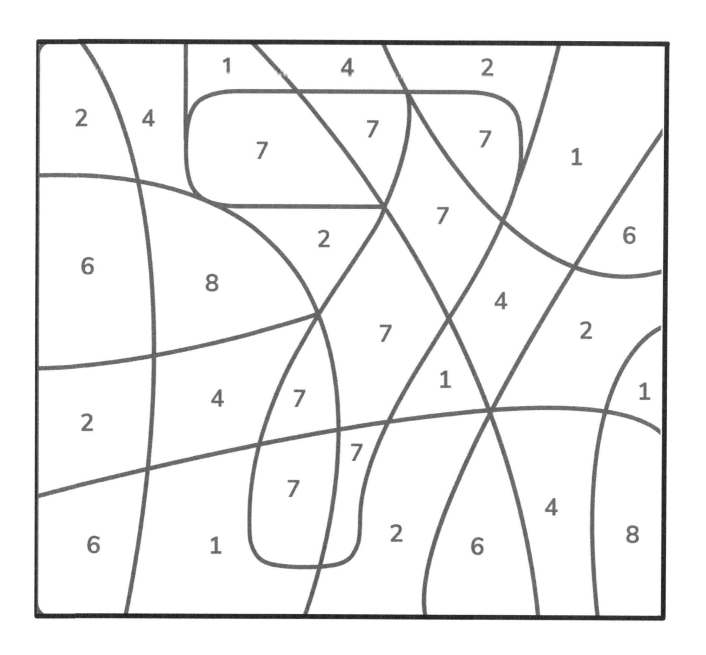

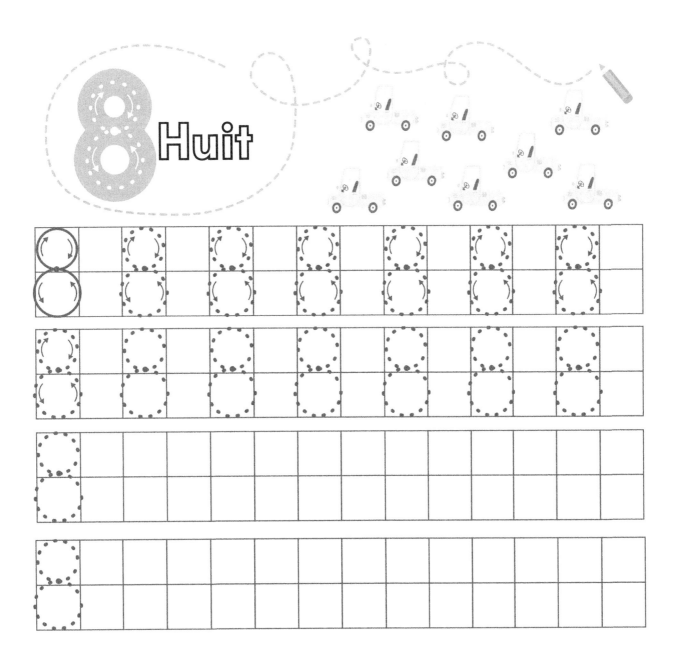

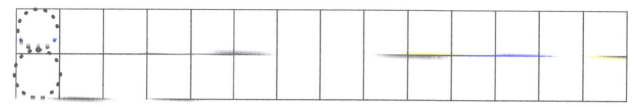

Graphisme du chiffre 8

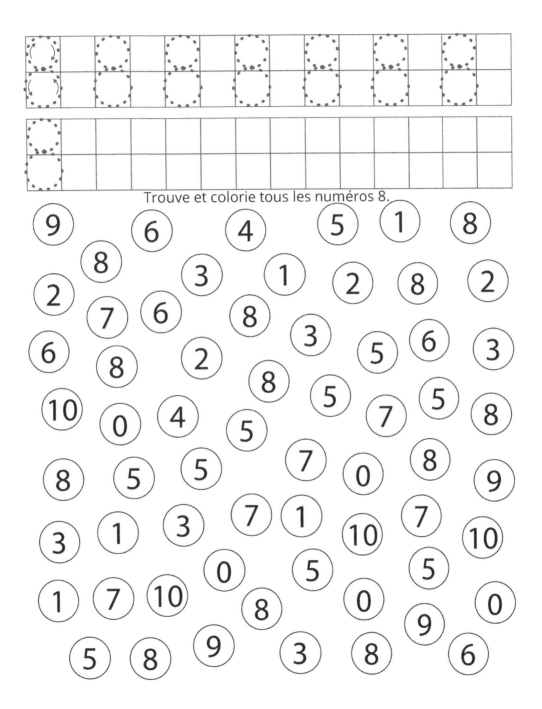

Trouve et colorie tous les numéros 8.

Coloriage mystère, colorie tous les numéros 8.

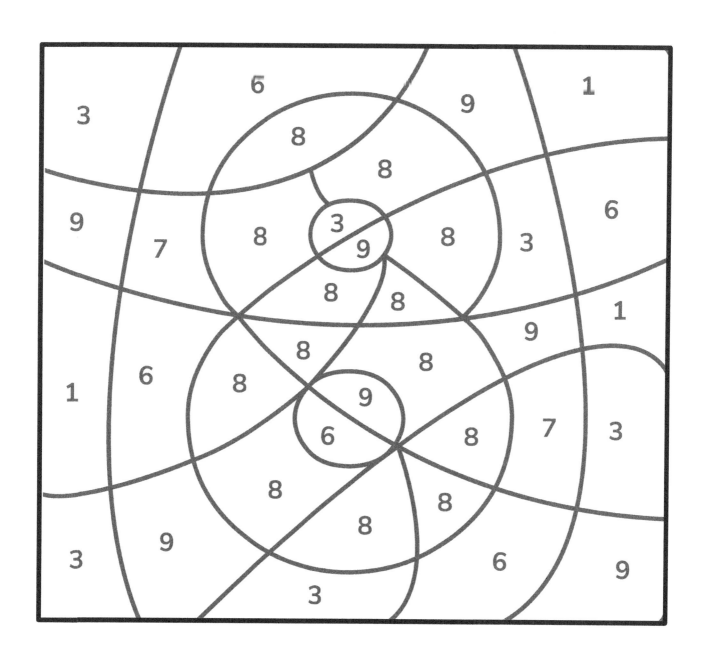

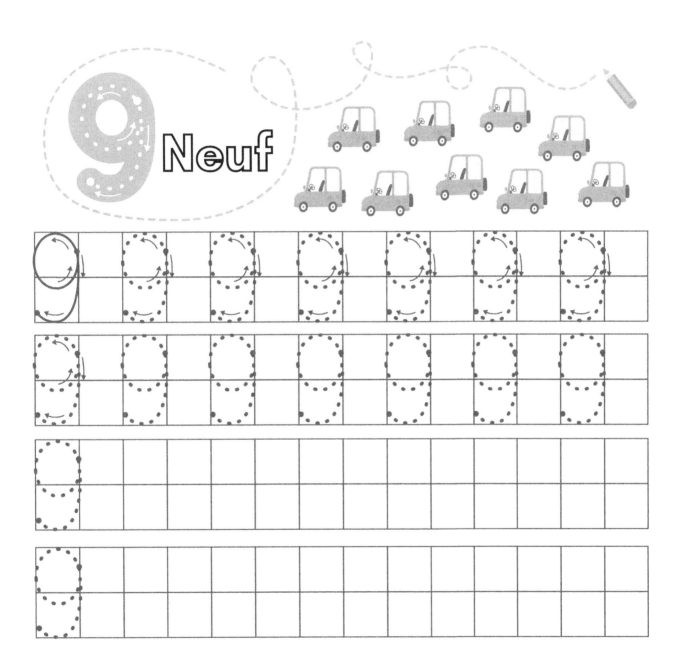

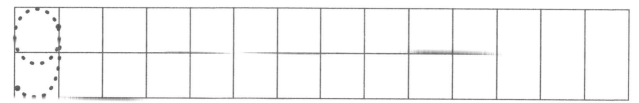

Graphisme du chiffre 9

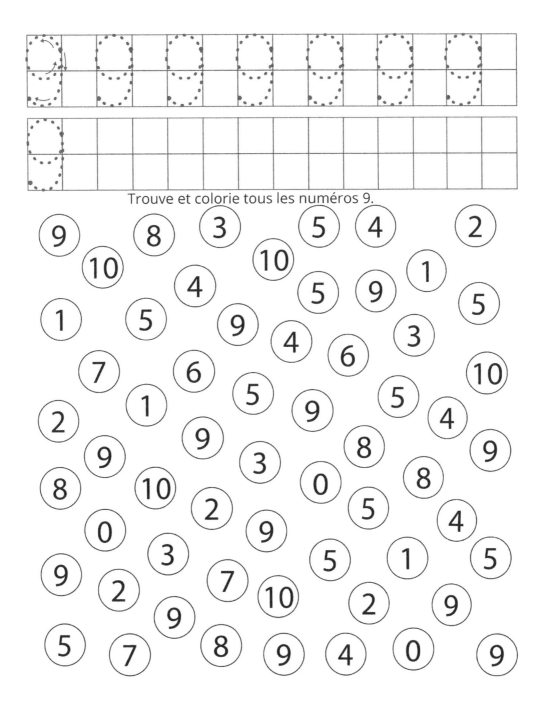

Coloriage mystère , colorie tous les numéros 9.

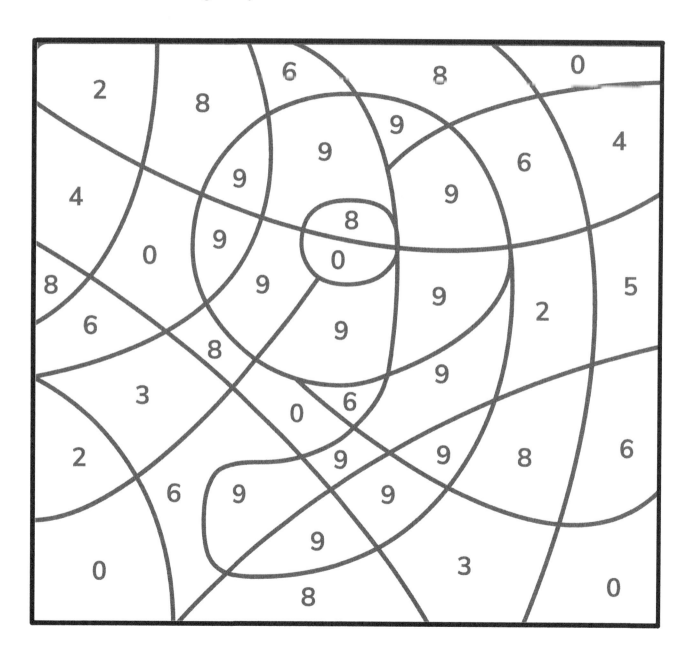

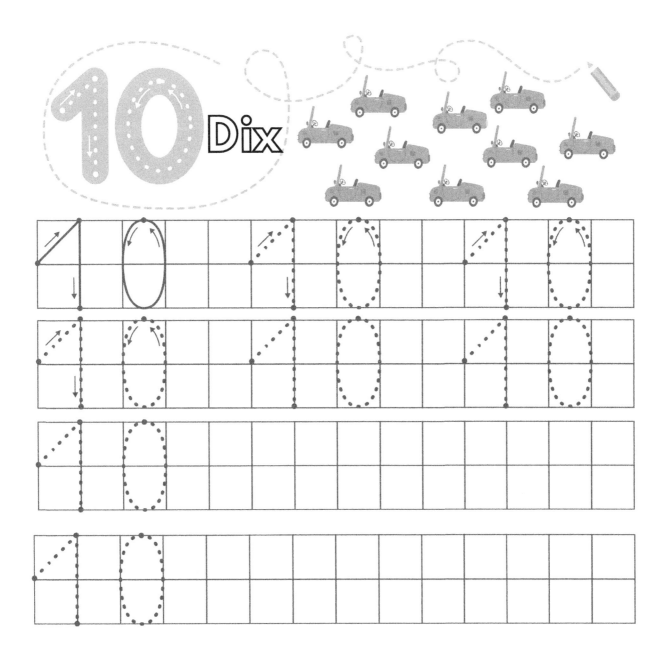

Graphisme du chiffre 10

Coloriage mystère, colorie tous les numéros 1.   Coloriage mystère, colorie tous les numéros 0.

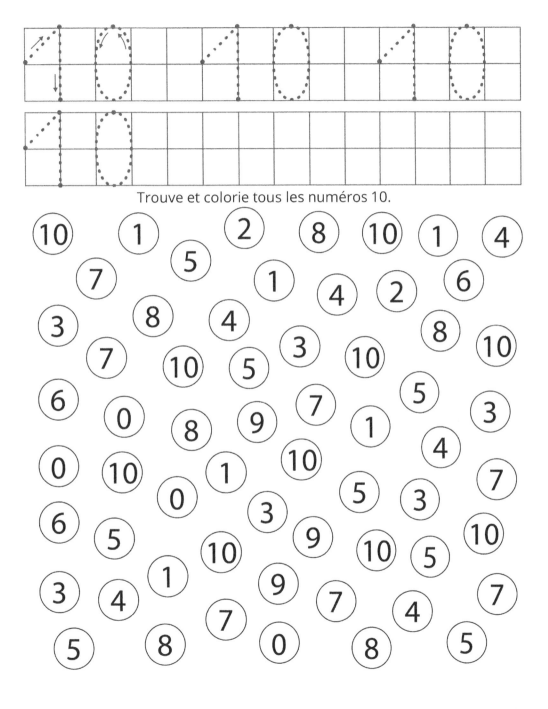

Trouve et colorie tous les numéros 10.

MATHÉMATIQUE

1) Compte sur tes doigts, et entoure la bonne réponse.

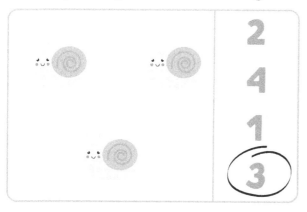

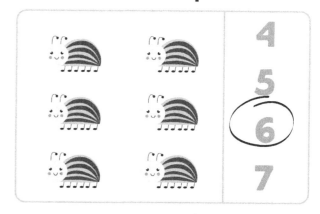

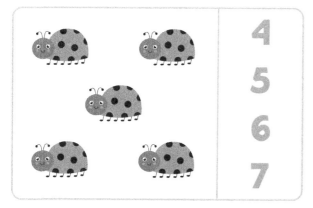

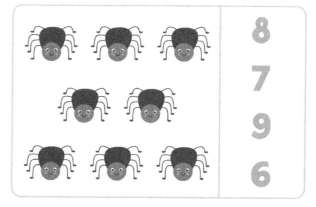

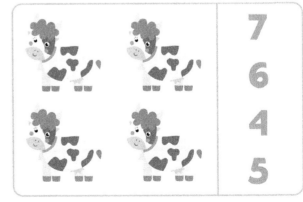

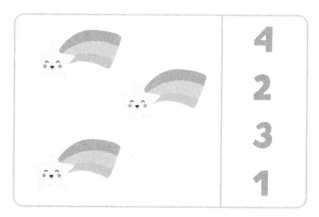
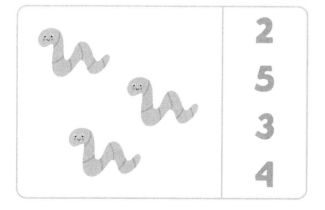

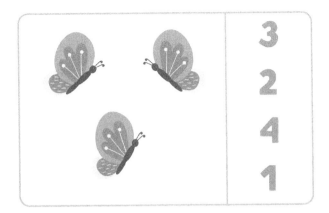 

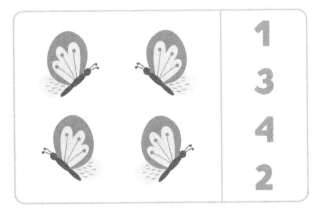 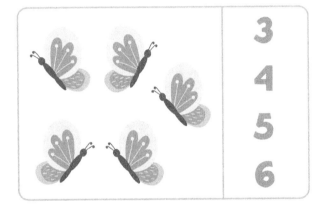

 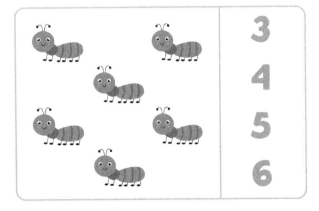

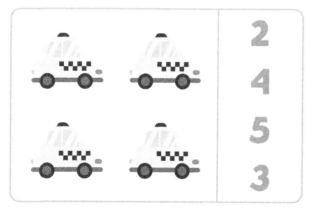 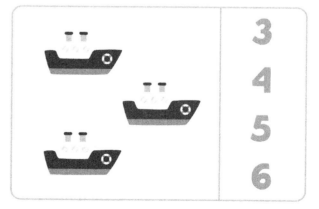

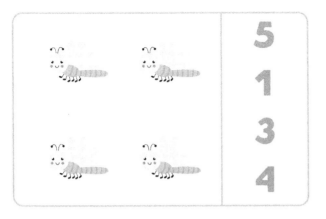

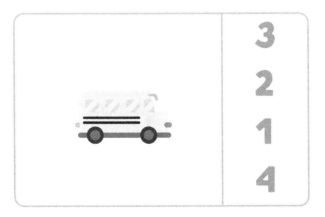

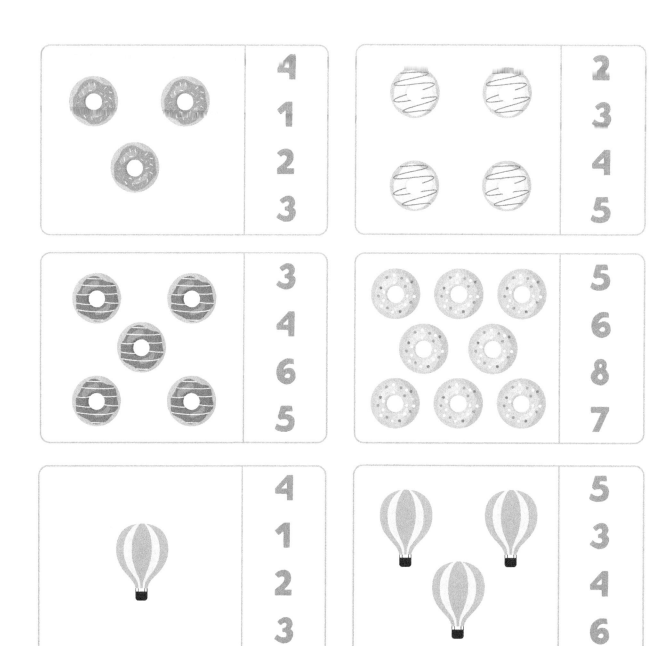

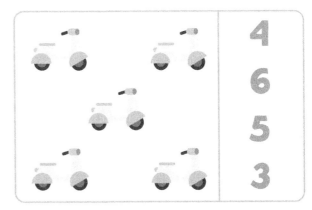
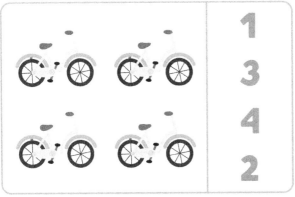
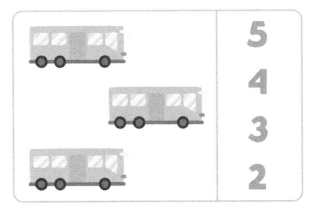

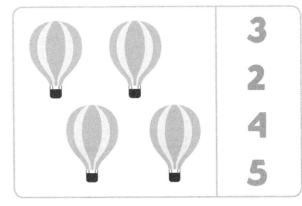

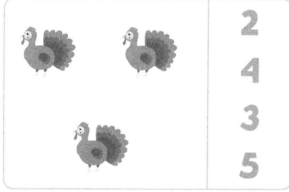

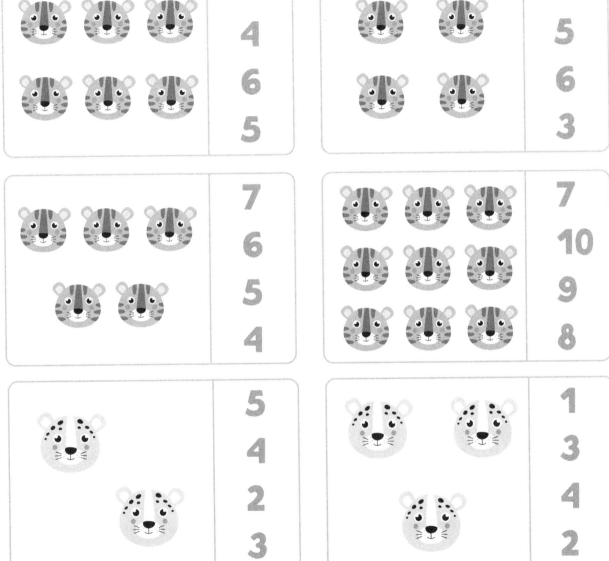

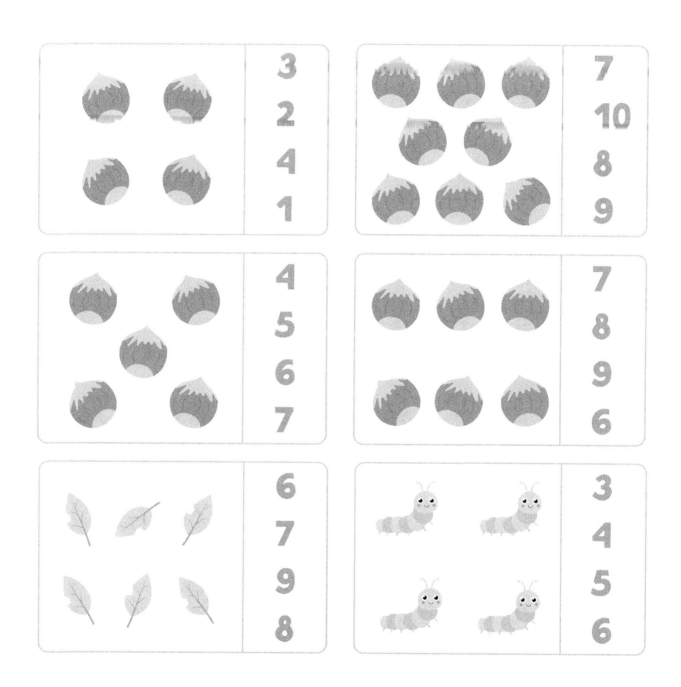

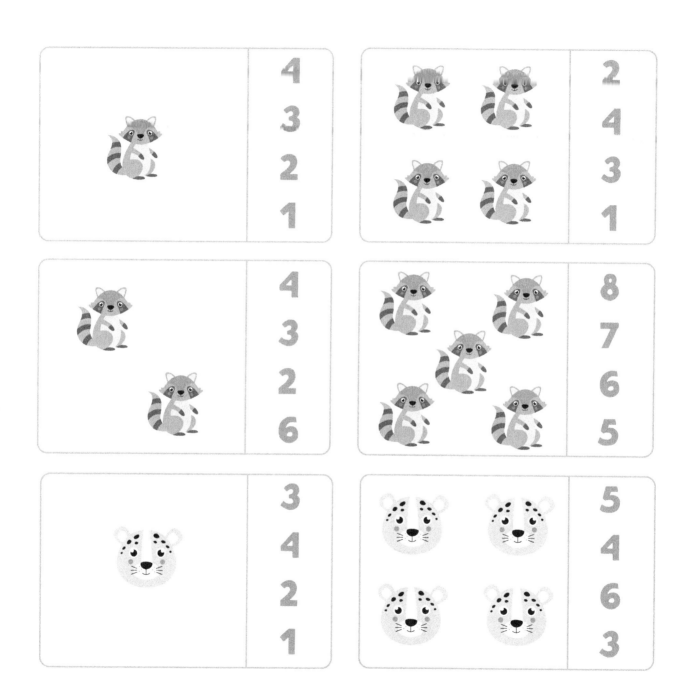

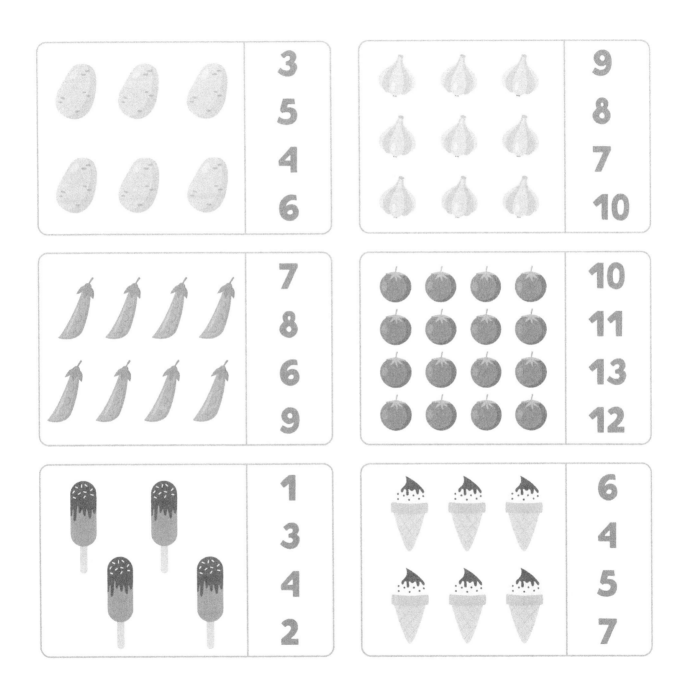

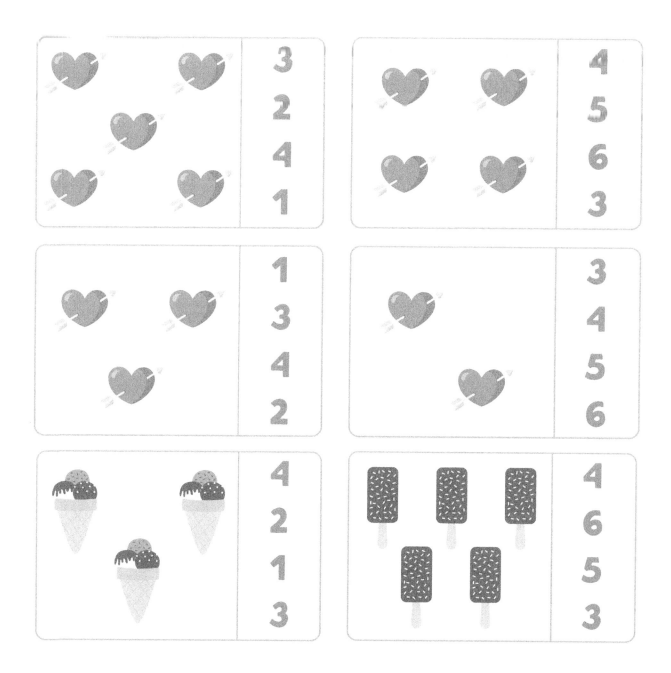

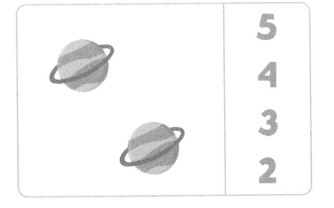
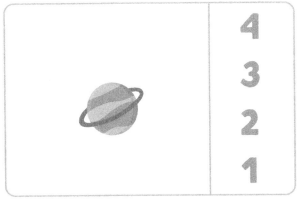

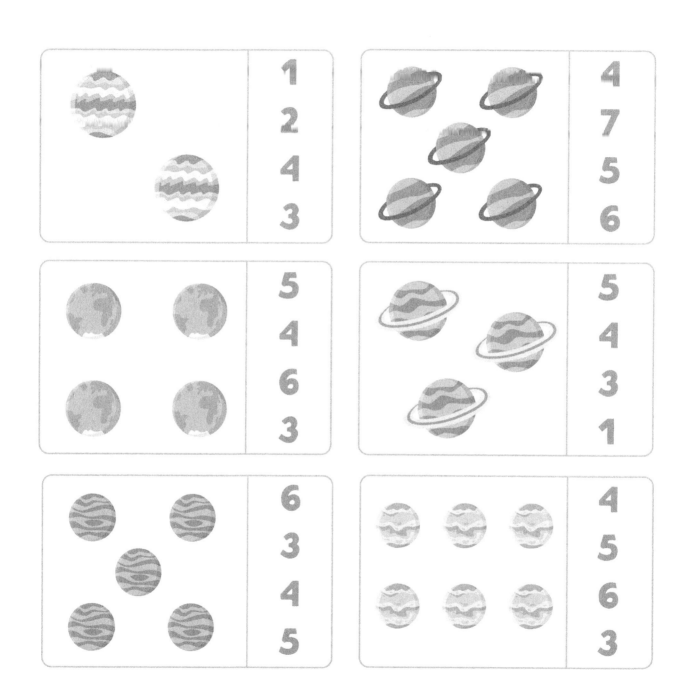

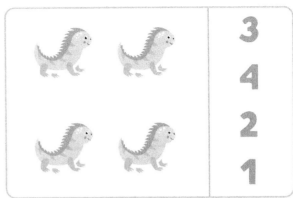

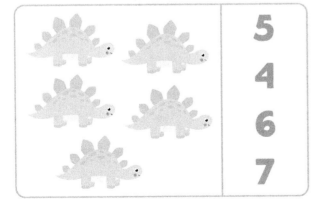

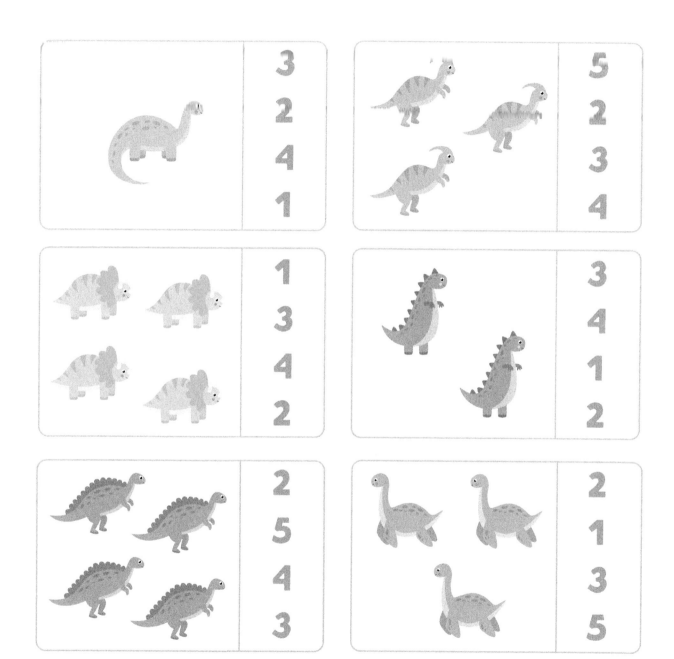

 3 2 4 1

 4 5 6 3

 1 3 4 2

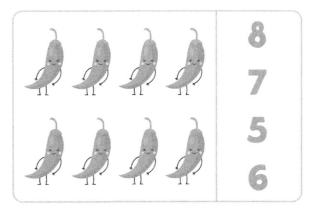 8 7 5 6

 1 3 4 2

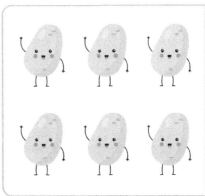 3 4 5 6

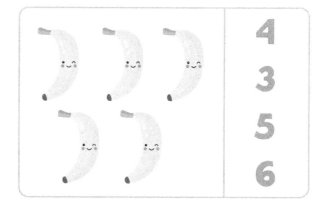

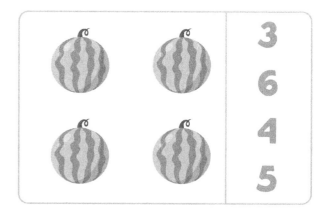

2) Additions ,compte sur tes doigts et note la bonne réponse.

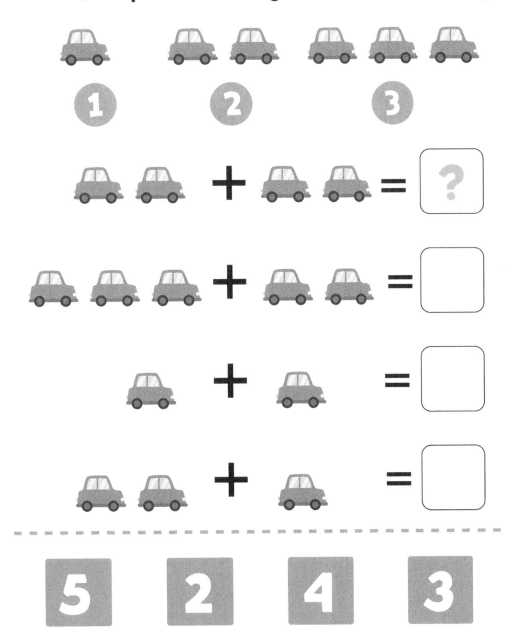

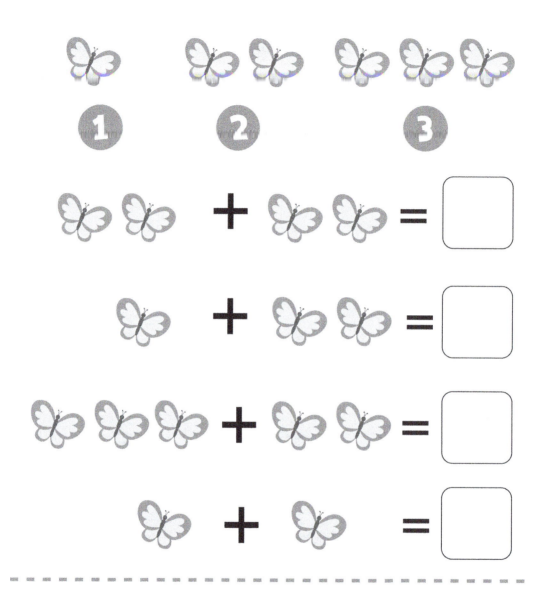

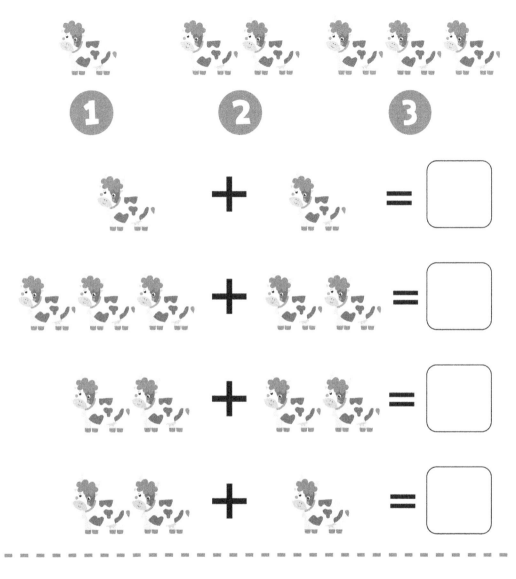

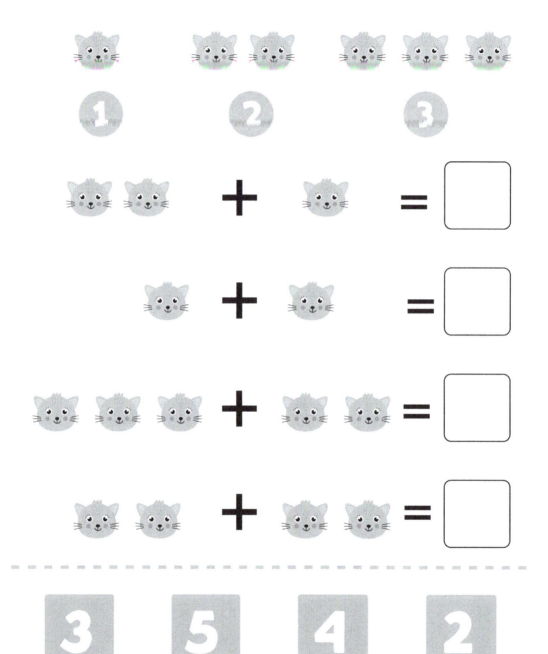

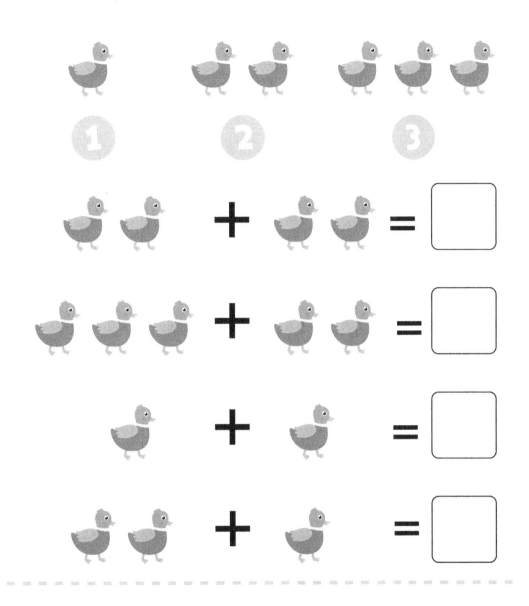

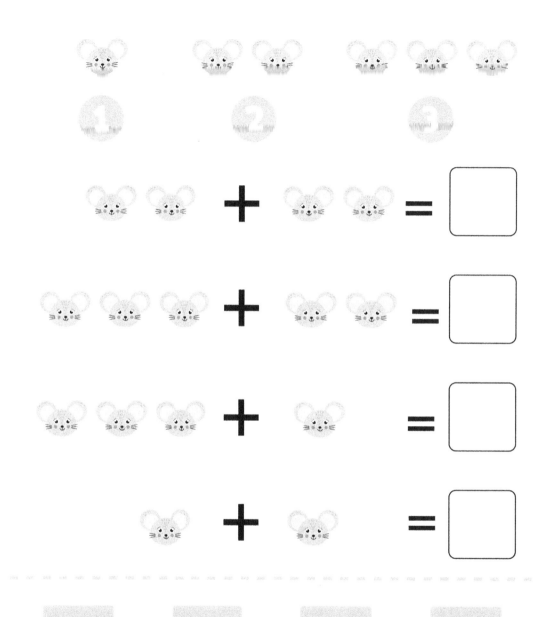

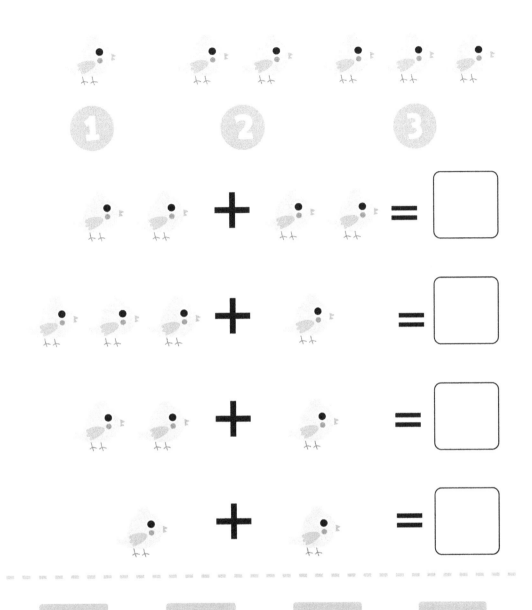

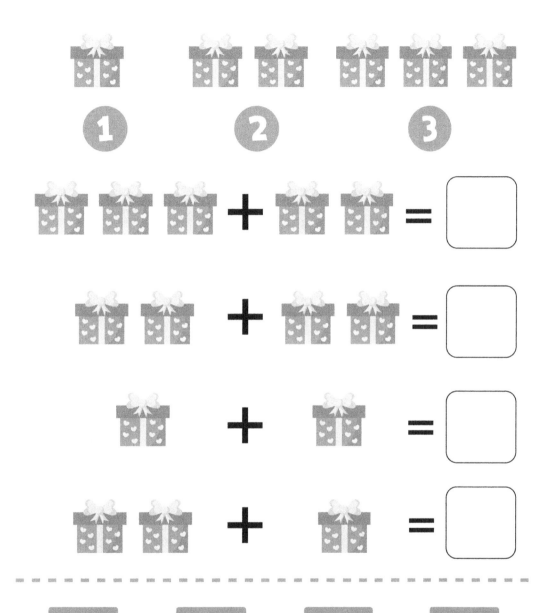

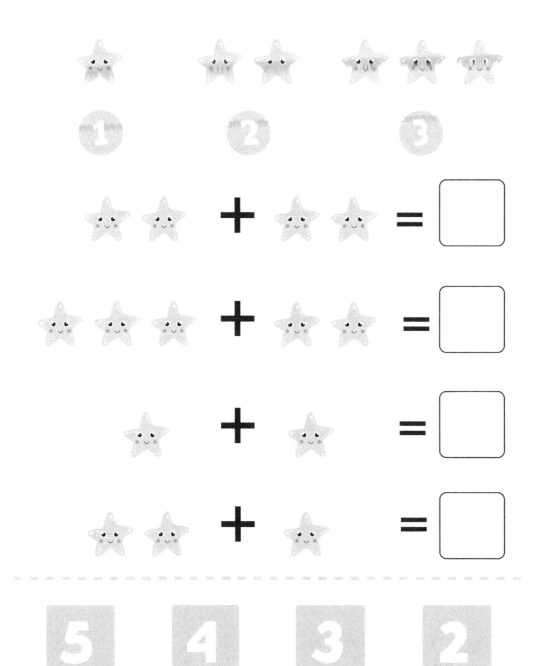

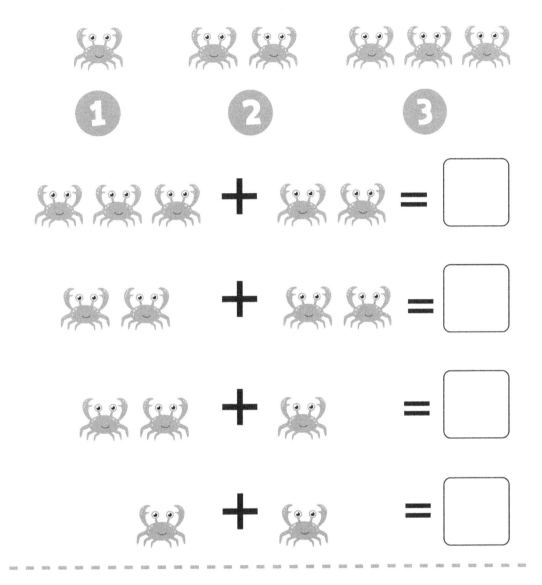

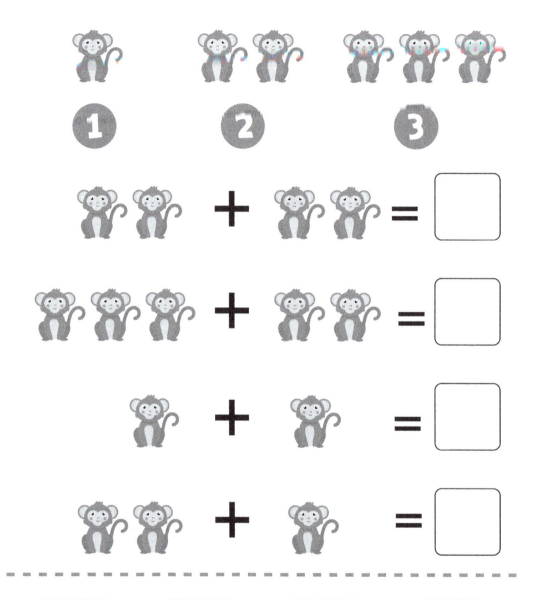

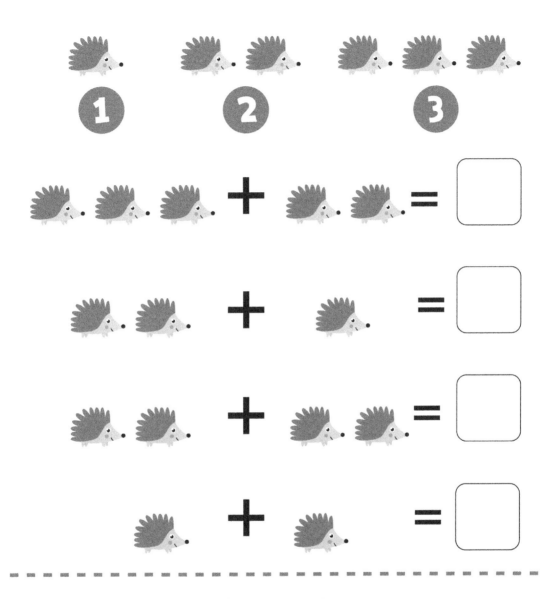

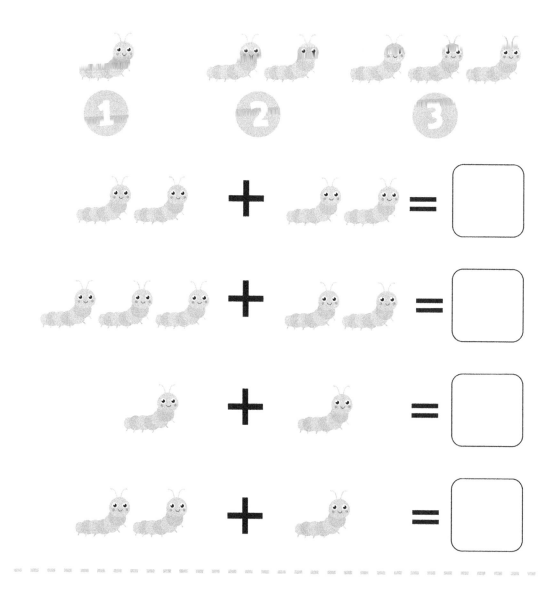

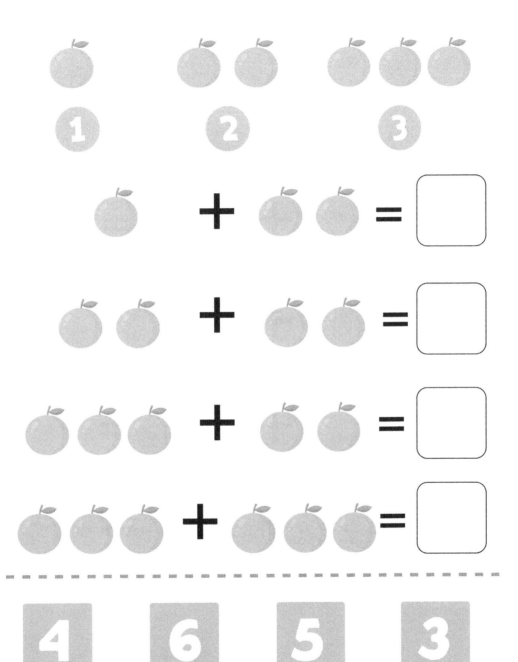

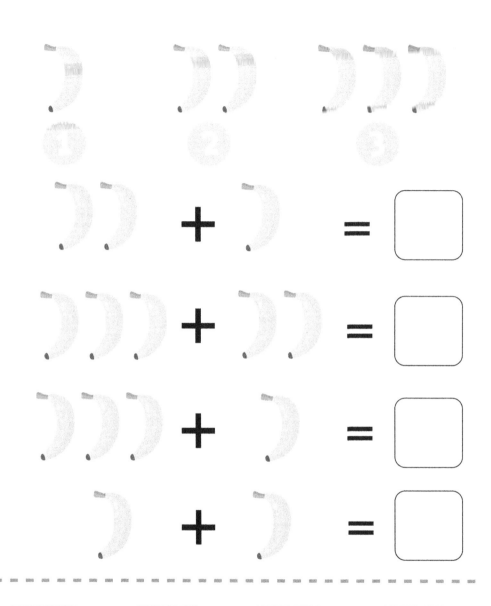

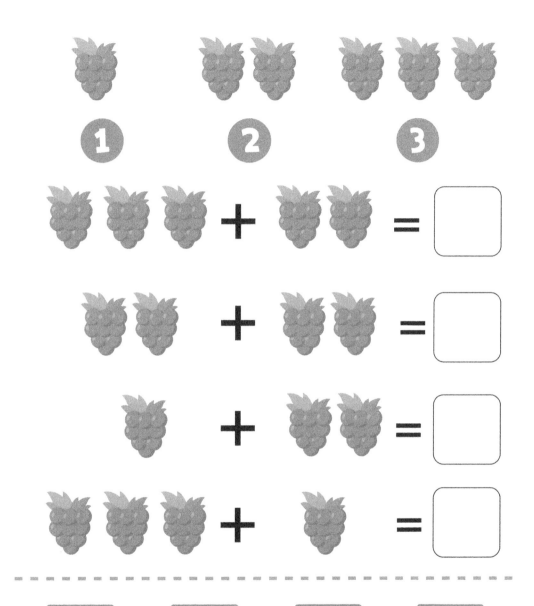

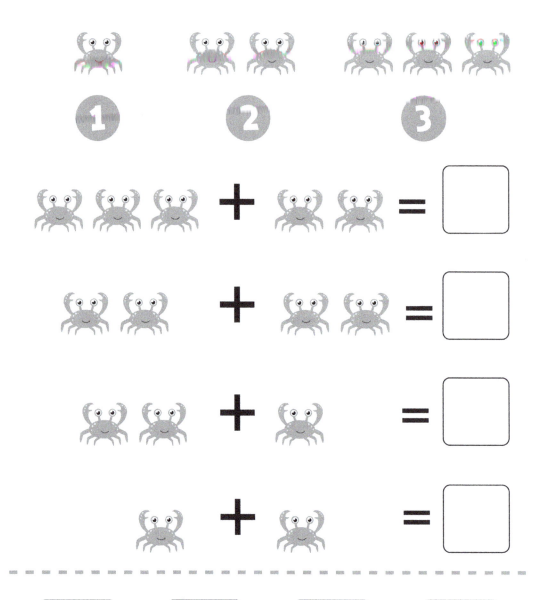

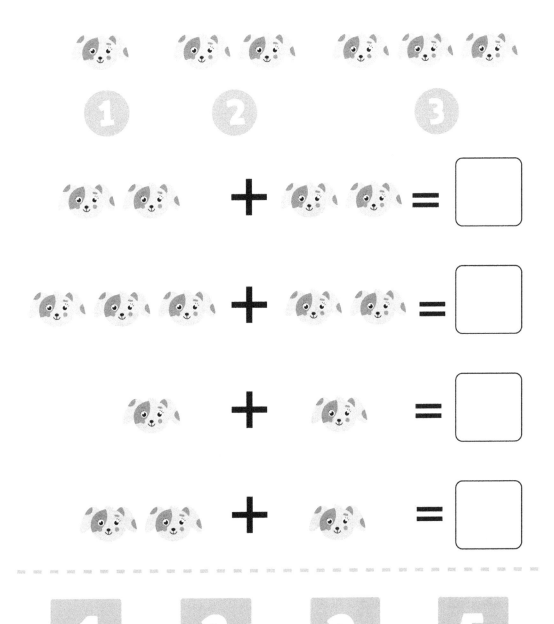

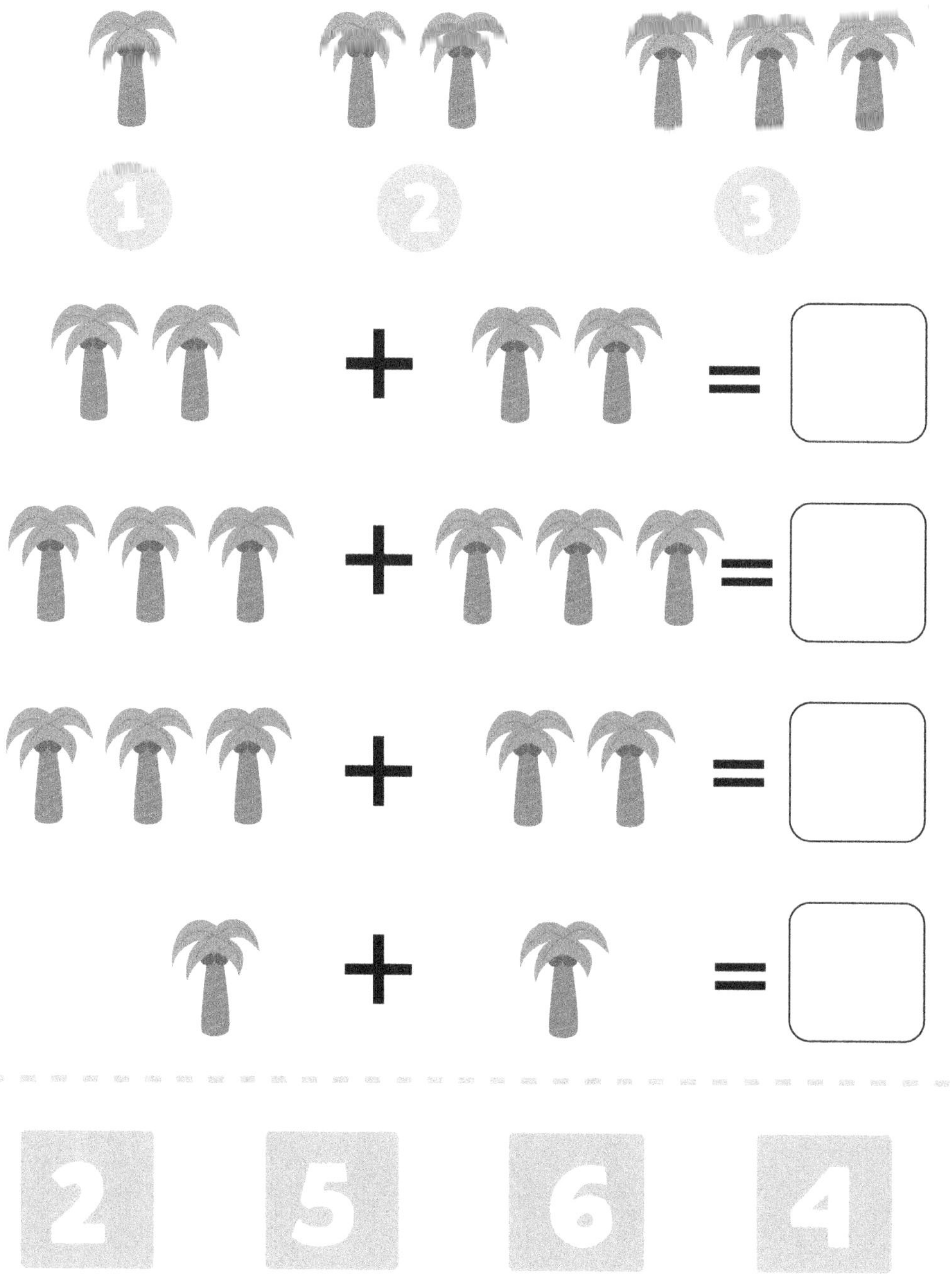

🌴 🌴🌴 🌴🌴🌴
1   2   3

🌴🌴 + 🌴🌴 = ☐

🌴🌴🌴 + 🌴🌴🌴 = ☐

🌴🌴🌴 + 🌴🌴 = ☐

🌴 + 🌴 = ☐

2   5   6   4

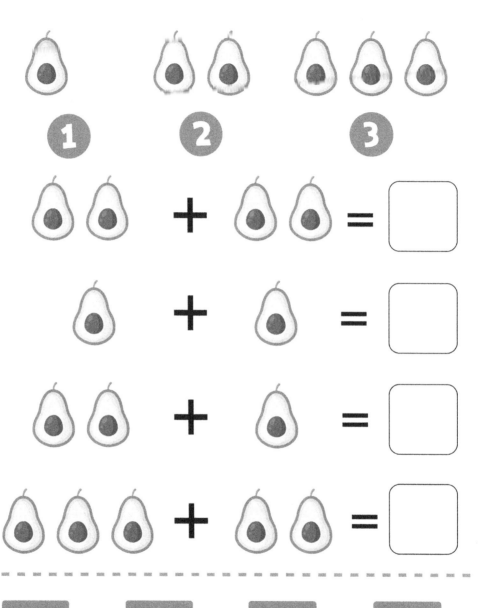

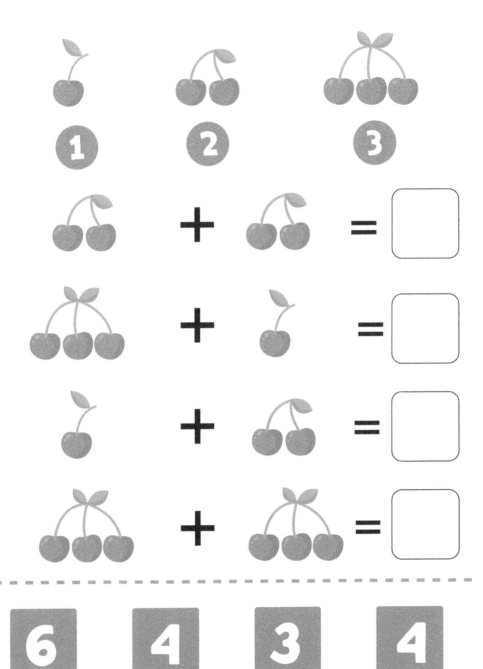

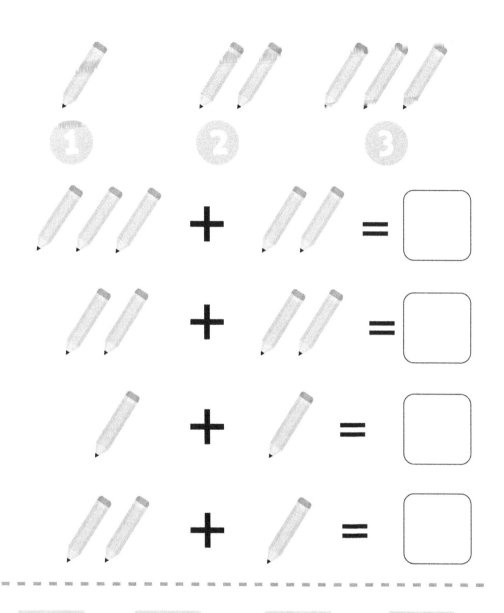

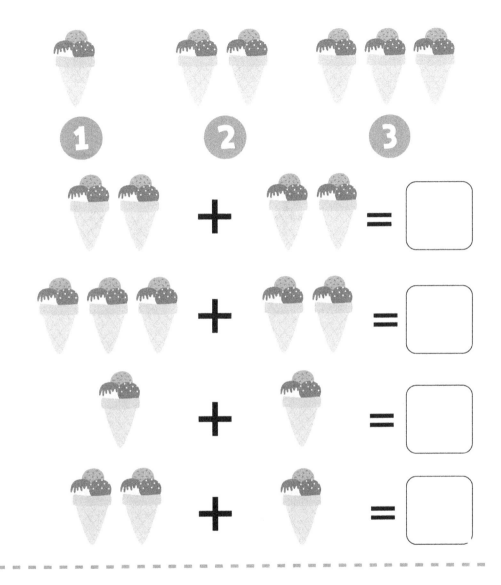

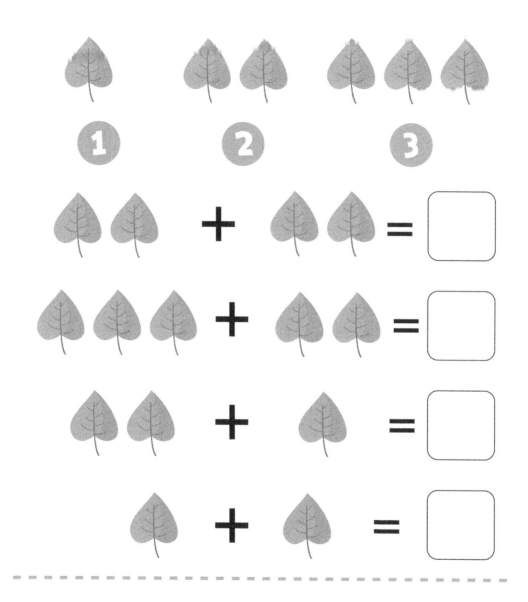

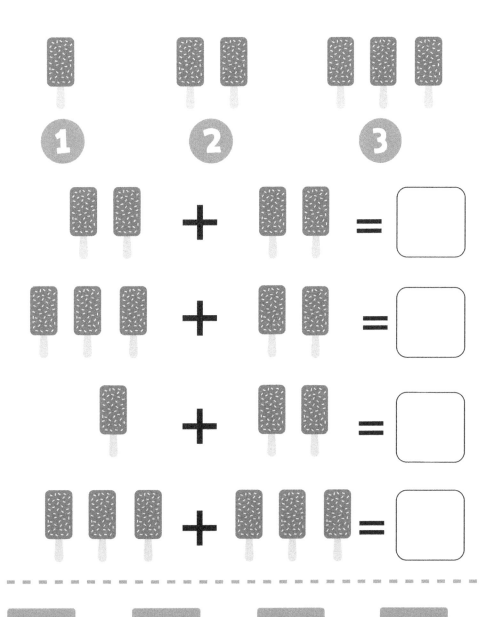

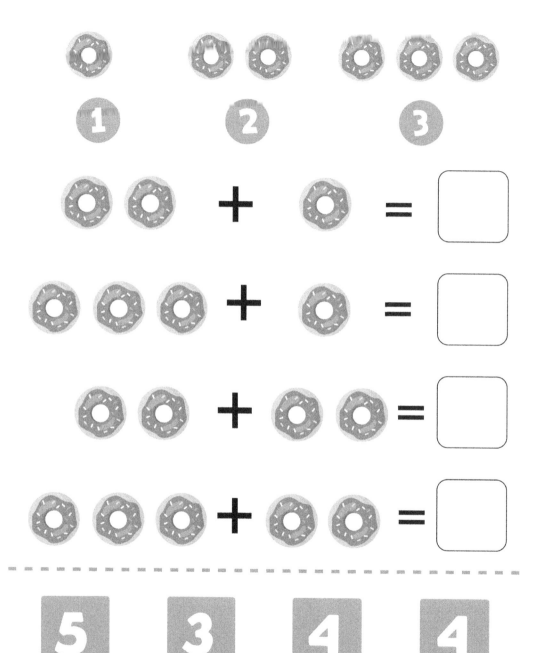

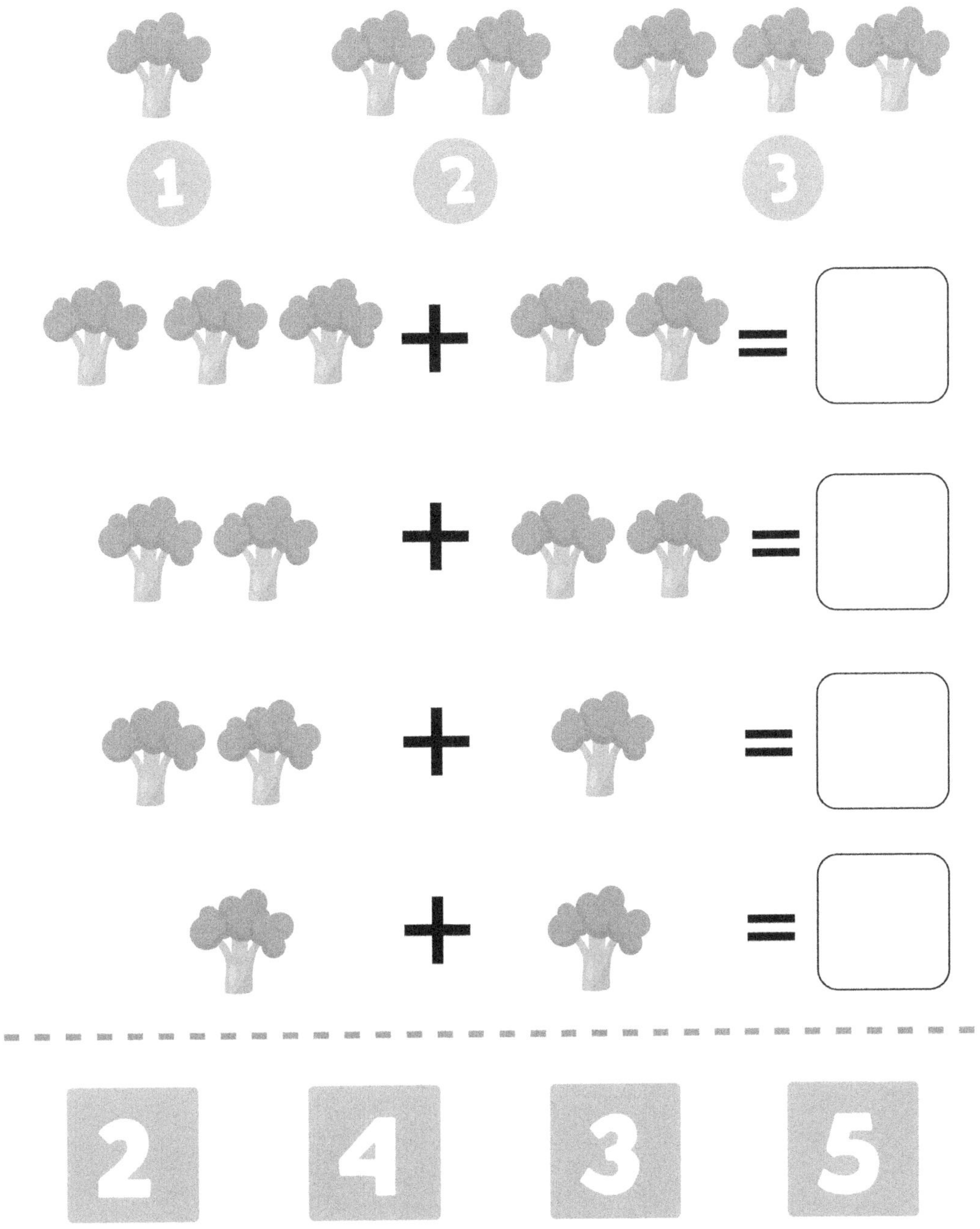

🥦 🥦🥦 🥦🥦🥦
① ② ③

🥦🥦🥦 + 🥦🥦 = ☐

🥦🥦 + 🥦🥦 = ☐

🥦🥦 + 🥦 = ☐

🥦 + 🥦 = ☐

| 2 | 4 | 3 | 5 |

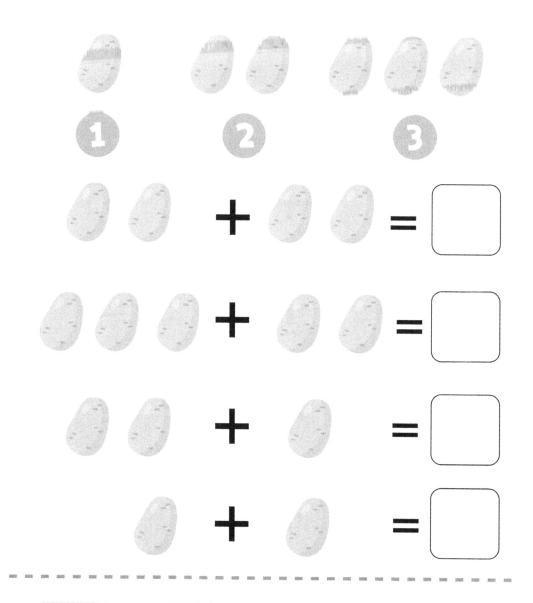

3) Soustractions , compte sur tes doigts et note la bonne réponse .

3 - 1 = 2

4 - 1 = ?

4 - 2 =

3 - 2 =

3 - 3 =

2 - 1 =

4 − 1 = 3

4 − 2 = ?

3 − 2 =

4 − 3 =

2 − 1 =

3 − 1 =

4 − 1 = 3

4 − 3 =

3 − 2 =

5 − 3 =

3 − 3 =

5 − 4 =

3 − 1 = 2

4 − 2 =

4 − 3 =

3 − 2 =

3 − 1 =

2 − 1 =

4 - 1 = 3

4 - 2 =

3 - 2 =

3 - 1 =

4 - 3 =

2 - 1 =

4 - 1 = 3

5 - 2 =

4 - 2 =

3 - 1 =

3 - 2 =

5 - 4 =

4 - 1 = 3

4 - 2 =

5 - 3 =

5 - 1 =

5 - 2 =

3 - 2 =

4 - 1 = 3

4 - 2 =

5 - 3 =

5 - 4 =

3 - 2 =

4 - 3 =

3 - 1 = 2

   2 - 2 =

     4 - 3 =

   2 - 1 =

     4 - 2 =

    3 - 2 =

5 - 2 = 3

5 - 3 =

4 - 3 =

4 - 1 =

3 - 2 =

5 - 4 =

4 - 1 = 3

4 - 2 =

4 - 3 =

3 - 2 =

3 - 1 =

2 - 1 =

3 - 1 = 2

  2 - 1 =

   4 - 2 =

   3 - 2 =

    4 - 3 =

  2 - 2 =

Si tu aimé ce cahier , retrouve nos collections.

EDITION

Made in the USA
Columbia, SC
12 July 2021